Backen für Kinder

AUTORIN: CHRISTIANE KÜHRT | FOTOS: JÖRN RYNIO

Praxistipps

Extra

Rezepte

Die besten Tipps, damit Kuchen gut gelingen

Mit guten Rezepten ist Backen wirklich kinderleicht, und doch gibt es ein paar Dinge, die man immer wieder beachten muss.

Genauigkeit ist Trumpf

Zu viel Mehl im Mürbeteig und die Kekse werden trocken, zu viel Butter im Teig und er lässt sich nicht mehr ausrollen, weil er klebt. Beim Backen geht man deshalb immer genau nach Rezept vor. Wer sich alle Zutaten abgewogen bereitstellt, braucht keine Angst zu haben, etwas zu vergessen.

Das richtige Mehl

Mit Weizenmehl Typ 405 oder Dinkelmehl Typ 630 werden Kuchen schön feinporig und ganz locker. Je höher die Typennummer ist, umso dunkler ist auch das Mehl und umso mehr wurde von den Randschichten des Korns mitgemahlen. Das ist gesünder, doch der Geschmack des Kuchens oder Gebäcks wird dadurch kräftiger und die Konsistenz etwas fester. Wer mit Vollkornmehl backen möchte, sollte immer etwas Flüssigkeit wie Milch zum Teig geben. Auch zusätzlich etwas Backpulver kann sehr nützlich sein, wenn der Kuchen aufgehen soll.

Die Eier

Wer lieber Bio-Eier auf dem Markt kauft, wird sie selten in der Größe M bekommen, meistens nur in der Größe L. Ob M oder L – die Rezepte in diesem Buch gelingen mit Eiern in beiden Größen.

Formen immer einfetten

Auch beschichtete Formen muss man einfetten. Dafür verwendet man am besten streichfähige Margarine oder Butter und streicht die Form gründlich damit ein. Wer mag, streut die Form danach noch mit Semmelbröseln, Haferflocken oder gemahlenen Nüssen aus, das schmeckt lecker und das Gebäck löst sich noch leichter aus der Form. Soll der Kuchen nach dem Backen glasiert werden, ist das Ausstreuen nicht empfehlenswert. Mein Trick: Die Form mit reichlich Butter einfetten und die Form etwa 10 Minuten ins Tiefkühlfach stellen. So wird das Fett hart und bildet eine abweisende Fettschicht, die sich im Backofen erst langsam auflöst.

Welche Ofeneinstellung

Die übliche Ofeneinstellung, bei denen alle Teigarten gelingen, ist Ober- und Unterhitze. Wenn mehrere Bleche mit Plätzchen auf einmal gebacken werden, ist Umluft gut. Muffins werden dagegen bei Umluft oft windschief, Biskuitteige trocken und brüchig. Bei den meisten Gebäckarten spielt die Ofeneinstellung keine größere Rolle. Wichtig: Weil die Wärmeverteilung anders ist, muss man die Temperatur bei Umluft etwa 20 Grad niedriger einstellen.

Die Garprobe

Die Backzeiten, die in den Rezepten angegeben sind, sind Richtwerte. Nicht jeder Backofen ist gleich, und auch das Material der Formen kann die Backzeiten verändern. Deshalb kurz vor dem Ende der angegebenen Backzeit eine Stäbchenprobe machen: Ein Holzstäbchen in die höchste Stelle des Kuchens stecken. Klebt Teig daran, muss der Kuchen noch im Ofen bleiben. Bleibt das Stäbchen sauber, ist er durchgebacken. Die Plätzchen sind gar, wenn die Oberfläche hell- oder goldbraun ist.

Teig ausstechen

Zuckerschrift-Deko

Zuckerstreusel-Deko

Backen für und mit Kindern

Mit Ausnahme von Überraschungskuchen zum Geburtstag oder anderen Festtagen, bedeutet Backen für Kinder auch: Backen mit Kindern. Denn spätestens, wenn der Nachwuchs die Rührquirle in der Schüssel klappern hört, steht er sowieso zum Teigschüsselauslecken in der Küche. Und es spricht viel dafür, Kinder im Haushalt mit einzubinden.

Backen – ein lehrreiches Kinderspiel

Für Kinder ist Mithelfen ein Spiel. Das heißt, wenn Sie mit ihnen backen – die Zutaten und Formen herrichten, Teig rühren, Plätzchen ausstechen, Küche aufräumen – dann spielen Sie mit ihren Kindern, nehmen sich Zeit für sie. Und ganz nebenbei wird das Kind gefördert. Zum Beispiel die Motorik. Auch wenn nach den ersten Mithelf-Aktionen die Küche vielleicht einem Schlachtfeld ähnelt, werden Sie bald feststellen, dass die Kinder von Mal zu Mal geschickter werden. Grundschulkinder, die regelmäßig beim Kochen und Backen mithelfen, kleckern nicht häufiger als ihre Eltern. Und wenn man es ihnen öfter gezeigt hat, schaffen sie es auch, die Küche danach wieder sauber zu machen. Kinder, die mithelfen, sind selbstständiger, trauen sich mehr zu und fühlen sich ernst genommen.

Mitmachen fördert auch das Ernährungsbewusstsein. Wer wissen will, was in der Packung Kekse oder in dem verpackten Kuchen steckt, der muss erst die Zutatenliste lesen. Wer selber Kuchen bäckt, der sieht, wie viel Zucker, Butter und Schokolade in den Kuchen kommt und kann viel besser verstehen, dass nach dem zweiten Stück besser Schluss sein sollte. Selbstgebackenes wird in der Regel bewusster gegessen und oft Stück für Stück genussvoll zelebriert. Anders als bei der Packung gekaufter Kekse, die oft gedankenlos in kurzer Zeit verputzt ist. Und nicht zu vergessen: Was gibt es Schöneres und was fördert die Gemeinschaft und Geborgenheit mehr, als an einem schön gedeckten Kaffeetisch den Kuchen zu essen, den man gemeinsam gerührt und gebacken hat.

Aufsicht und Vorsicht muss sein

Besprechen Sie mit den Kindern alle Gefahrenquellen in der Küche. Auch klare Anweisungen, was Kinder dürfen und was nicht, sind hilfreich. Kleinere Kinder sollten Sie nie aus den Augen lassen. Und: Nach dem Benutzen elektrischer Geräte den Stecker aus der Steckdose ziehen. Heiße Backbleche immer in kindersichere Entfernung stellen.

Wissenswertes über Backformen

Backformen gibt es mittlerweile in verschiedenen Materialien, Formen und in allen möglichen Preislagen. Da wird die Wahl zur Qual.

Moderne Formen

Klassische Formen

Witzige Formen

Die Klassiker Preiswerte Weißblechformen eignen sich am besten für Gas, in anderen Öfen leiten sie die Hitze nicht so gut und bräunen schlecht. Anders die stark leitenden Schwarzblechformen: Damit das Gebäck unten nicht austrocknet, die Form in den oberen Bereich des Ofens schieben.

Die Modernen Antihaftbeschichtete Formen sind eine gute Wahl. In der Regel gilt: Je höher der Preis, desto haltbarer die Beschichtung und desto besser ist das Backergebnis. In Silikon werden Kuchen nicht so knusprig, dafür sind Backformen aus diesem Material die einzigen, die in die Spülmaschine dürfen.

Die Witzigen Kinder lieben ausgefallene Formen. Für die Teigmenge zuvor mit Wasser ausmessen, wie viel Flüssigkeit jeweils in die normale Backform und in die Spezialform passt. Danach die Mengen umrechnen. Passt in die normale Springform etwa 1,5 Liter Flüssigkeit, in die Dekoform nur 700 ml, dann die Zutatenmenge für das Rezept halbieren.

Nützliche Utensilien, die das Backen erleichtern

Zum Backen gibt es heute allen möglichen überflüssigen Schnickschnack. Es gibt aber auch Zubehör, das wirklich sinnvoll ist.

1 Zum Herauslösen

Mit einem Kuchenheber lassen sich Kuchen und Torten problemlos vom Backformblech auf eine Tortenplatte heben, ohne dass der Kuchen Schaden nimmt. Praktisch ist, wenn man den Kuchenheber zusätzlich noch als Dekorschablone verwenden kann, um mit Puderzucker oder Kakaopulver ein Muster auf den Kuchen zu sieben.

Mit dem Kuchenlöser aus Kunststoff lassen sich Ränder der gebackenen Kuchen von der Form lösen, ohne Form oder Kuchen zu beschädigen. Das ist besonders nützlich für Obstkuchen, deren Saft nach dem Backen oft an der Backform klebt.

2 Zum Ausrollen

Der Kuchenformroller macht den Transport des Teiges von der Arbeitsfläche in die Form überflüssig. Einfach den Teig in die Form legen und in der Form ausrollen. Auch praktisch sind Ausrollmatten. Der Vorteil von diesen Matten: Sie sind rutschsicher, die Arbeitsfläche bleibt sauber und sie lassen sich nach dem Teigausrollen und Säubern einfach wieder aufrollen und im Schrank verstauen.

3 Zum Dekorieren

Mit der langen Fläche des Glasurmessers kann man Cremes, Kuvertüre oder Zuckerguss gleichmäßig auf Kuchen und Torten streichen. Teigspachtel gibt es mit und ohne Zacken. Mit einem Spachtel ohne Zacken lässt sich der Teig perfekt aus der Schüssel in die Form umfüllen. Cremetorten lassen sich mit einem gezackten Spachtel blitzschnell und schön dekorieren, indem man den Spachtel einfach nur leicht über die Creme zieht.

Wer Torten wie ein Konditor verzieren möchte, für den ist eine Cremespritze mit vielen verschiedenen Tüllen ein Muss: Tülle wählen, Creme einfüllen und mit sanftem Druck dekorativ auf die Torte spritzen.

Tolle Geburtstagskuchen

Ein witzig verzierter Geburtstagskuchen gehört für meine Kinder zum Fest und zählt schon mit als Geschenk. In diesem Kapitel finden Sie jede Menge Anregungen für leckere Kuchen und Torten, die Kinderaugen nicht nur an Festtagen zum Leuchten bringen. Die Herztorte aus Biskuit und fruchtiger Creme ist eine ganz besondere Liebeserklärung.

Herztorte

6 Eier (L)
100 g Butter
150 g + 5 EL Zucker
150 g Mehl
200 g Sahne
250 g Erdbeeren
2 EL frisch gepresster Limettensaft
300 g Doppelrahmfrischkäse
Fett für die Form

Für 1 Herzform von ca. 1 l Inhalt (12 Stücke)
40 Min. Zubereitung | 35 Min. Backen
Pro Stück ca. 380 kcal, 9 g EW, 24 g F, 30 g KH

1 Backofen auf 180° vorheizen. Die Form einfetten. Eier trennen. Butter schmelzen. Eiweiße steif schlagen. Eigelbe und 150 g Zucker mit dem Handrührgerät dick-schaumig rühren. Die Butter unterrühren. Mehl und Eischnee dazugeben und nur kurz unterheben. Den Teig in die Form füllen. Im Ofen (Mitte, Umluft 160°) ca. 35 Min. backen. In der Form abkühlen lassen. Dann aus der Form lösen und mit einem langen Messer quer halbieren.

2 Die Sahne steif schlagen. Erdbeeren waschen und putzen, mit 2 EL Zucker und Limettensaft pürieren. Ein Drittel davon mit Frischkäse und 3 EL Zucker verrühren, die Sahne untermischen. Etwa 3 EL von dem übrigen Püree beiseitestellen. Die untere Tortenbodenhälfte mit restlichem Erdbeerpüree bestreichen, die obere Hälfte daraufsetzen. Die Torte rundherum mit Frischkäsecreme bestreichen.

3 Übriges Püree tröpfchenweise auf der Torte verteilen. Nach Belieben mit einem Holzstäbchen mit der Creme vermischen, sodass ein Muster entsteht. Bis zum Servieren kühl stellen.

BACKFORM-TIPP

Keine Herzform zur Hand? Den Biskuit in einer Springform (28 cm ⌀) backen und herzförmig ausschneiden.

gelingt leicht

Kickerkuchen

Dieser Zitronenkuchen ist ein Muss für alle Fußballfans und Freizeitdribbler. Und so groß, dass nach dem Geburtstags-Kick auch eine Elf davon satt wird.

Für den Teig:
8 Eier (L) | 350 g Zucker
400 g weiche Butter
3 Zitronen
350 g Mehl
100 g Speisestärke
1 Pck. Backpulver
Fett für die Form
Für Guss und Deko:
450 g Puderzucker
10 EL frisch gepresster Zitronensaft
flüssige grüne Speisefarbe (aus der Tube)
weiße Zuckerschrift (aus der Tube)
je 11 rote und gelbe Gummibärchen

Für 1 rechteckige Springform von 35 x 24 cm (20 Stücke)
55 Min. Zubereitung | 35 Min. Backen
Pro Stück ca. 450 kcal, 6 g EW, 20 g F, 60 g KH

1 Den Backofen auf 180° vorheizen. Die Form einfetten. Für den Teig die Eier trennen. Die Eiweiße mit den Quirlen des Handrührgeräts steif schlagen.

2 Eigelbe mit Zucker und Butter mit den Quirlen des Handrührgeräts schaumig schlagen. Den Saft der Zitronen auspressen und unterrühren. Mehl, Speisestärke und Backpulver mischen, die Mischung und den Eischnee zur Eimasse geben und nur kurz untermischen. Den Teig in die Form füllen und im Ofen (Mitte, Umluft 160°) ca. 35 Min. backen. Aus der Form nehmen und abkühlen lassen.

3 Für die Deko Puderzucker mit Zitronensaft in einer Schüssel zu einem dicken Guss verrühren. Mit Speisefarbe nach Belieben grün einfärben. Den Guss bis auf 2 EL auf den Kuchen geben und mit einer Palette nach allen Seiten und am Rand verteilen. Den Zuckerguss fest werden lassen.

4 Mit weißer Zuckerschrift die Spielfeldlinien auftragen, zuerst die Grundlinien am Kuchenrand entlang, dann die Mittellinie mit dem Anstoßkreis und zuletzt die Torlinien. Die Gummibärchen mit dem übrigen Zuckerguss bestreichen und als Spielfiguren auf dem Spielfeld befestigen.

TIPP – FÜR TÜFTLER

Das Fußballfeld in den Farben des Lieblingsvereins des Geburtstagskindes gestalten: Dafür einen dickflüssigen Zuckerguss zubereiten und in den passenden Farben einfärben: In den Anstoßkreis in der Mitte des Feldes das Vereinswappen auftragen und mit Zuckerschrift den Namen des Vereins eintragen. Rund um das Spielfeld am Kuchenrand mit einem kleinen Löffel kleine Zuckergusskleckse auftragen – dabei die Farben abwechseln. Die Kleckse laufen den Rand entlang hinunter und hinterlassen dabei ein Muster.

ALLTAGS-VARIANTE

Der Zitronenkuchen schmeckt auch ohne Guss und Deko sehr lecker. Die Hälfte der Teigmenge passt dann in eine Springform mit 24 cm ∅.

mit Möhrenteig

Spinnennetztorte

Für alle, die Fantasy oder Abenteuer mögen. Harry Potter wäre von dieser Torte ebenso begeistert wie die Detektive der drei Fragezeichen.

Für den Teig:
500 g Möhren
1 Zitrone
7 Eier (L)
180 g Zucker
5 EL Honig
1 TL Zimtpulver
170 g gemahlene Mandeln
150 g Mehl
½ Pck. Backpulver
Fett für die Form
Für Guss und Deko:
300 g Puderzucker
6 EL frisch gepresster Limettensaft
orangefarbene Speisefarbe (ersatzweise rote und gelbe Speisefarbe mischen)
weiße Zuckerschrift (aus der Tube)
bunte Schokolinsen
braune Zuckerschrift (aus der Tube)

Für 1 Springform von 28 cm ∅ (12 Stücke)
50 Min. Zubereitung | 35 Min. Backen
Pro Stück ca. 420 kcal, 10 g EW, 13 g F, 64 g KH

1 Den Backofen auf 200° vorheizen. Die Form einfetten. Die Möhren putzen, schälen und fein raspeln. Den Saft der Zitrone auspressen. Eier mit Zucker, Zitronensaft, Honig und Zimtpulver mit dem Handrührgerät dick-schaumig rühren. Mandeln, Mehl und Backpulver mischen und unterrühren.

2 Den Teig in die Form füllen und im Ofen (Mitte, Umluft 180°) ca. 35 Min. backen. Den Kuchen aus der Form nehmen und abkühlen lassen.

3 Für die Deko den Puderzucker mit Limettensaft in einer Schüssel zu einem dicken Guss verrühren, mit Speisefarbe nach Belieben orange einfärben. Den Guss auf den Kuchen geben und mit einer Palette gleichmäßig verstreichen, dabei auch den Rand bestreichen. Den Guss trocknen lassen.

4 Mit weißer Zuckerschrift kreuzweise vier Linien auf den Kuchen spritzen (Bild 1), dabei am unteren Kuchenrand beginnen. Dann von diesen Linien aus immer wieder verbindende Spinnfäden spritzen, sodass ein Spinnennetz entsteht (Bild 2). In die Spinnfäden beliebig viele bunte Schokolinsen als Spinnen setzen. An die Schokolinsen mit brauner Zuckerschrift kleine Spinnenbeine malen.

TIPPS

Keine Lust auf Möhren raspeln? Dann einfach ein Glas (190 g) pürierte Möhren aus dem Babykost-Regal nehmen. Den Kuchen statt mit Zuckerguss mit geschmolzener Vollmilch-Kuvertüre überziehen.

ALLTAGS-VARIANTE

Der Möhrenkuchen schmeckt auch ohne Guss und Deko – dann nur mit etwas Puderzucker bestäuben. Besonders lecker: noch warm mit 1 Kugel Vanilleeis.

1

2

3

mit Schokoladenteig

Piratenschiff

Der passende Kuchen für abenteuerlustige Kids. »Fluch-der-Karibik«-Fans setzen das Schiff in ein wildes Meer aus zerkräuseltem, blauem Seidenpapier.

Für den Teig:
100 g Vollmilch-Kuvertüre
5 Eier (L)
250 g weiche Butter
200 g Zucker
300 g Mehl
½ Pck. Backpulver
Fett für die Form

Für Glasur und Deko:
250 g Vollmilch-Kuvertüre
6 Schokoriegel (z. B. Duplo)
Gummibärchen für die Besatzung
bunte Schokolinsen für die Luken
kleine Holzspieße
2 Segel aus Papier
2 lange Schaschlikspieße

Für 1 Kastenform von 30 cm Länge (15 Stücke)
55 Min. Zubereitung | 50 Min. Backen
Pro Stück ca. 460 kcal, 7 g EW, 28 g F, 45 g KH

1 Backofen auf 180° vorheizen. Die Form einfetten. Für den Teig die Kuvertüre in eine Schüssel bröckeln und über dem heißen Wasserbad schmelzen (siehe Seite 64). Die Eier trennen. Die Eiweiße mit den Quirlen des Handrührgeräts steif schlagen.

2 Eigelbe, Butter und Zucker mit dem Handrührgerät dick-schaumig schlagen. Die Kuvertüre unterrühren. Mehl und Backpulver mischen, mit dem Eischnee auf die Eigelbmasse geben und nur kurz untermischen. Den Teig in die Form füllen und im Ofen (Mitte, Umluft 160°) ca. 50 Min. backen. Aus der Form nehmen und abkühlen lassen.

3 Für die Deko die Kuvertüre in einer Schüssel über dem heißen Wasserbad unter Rühren schmelzen und etwas abkühlen lassen (siehe Seite 64). Den Kuchen mit der Wölbung nach unten auf ein Küchenbrett setzen. Die Wölbung so abschneiden, dass das Schiff gut steht und sich eventuell leicht zu einer Seite neigt. Den Kuchen rundherum mit Kuvertüre überziehen und leicht trocknen lassen.

4 Bevor der Guss trocken ist, die Schokoriegel als Reling rundum an den Kuchenrand drücken. Wenn nötig, die Riegel zurechtschneiden. Gummibärchen als Besatzung auf das Schiff setzen, in der Mitte Platz für die Segel lassen. An die Außenseiten des Schiffes bunte Schokolinsen als Luken auf die Schokolade drücken, dabei kurz festhalten. Unterhalb der Luken kleine Holzspieße als Ruder hineinstecken. Zuletzt zwei bunte oder weiße Papiersegel ausschneiden. Nach Belieben mit dem Namen oder Foto des Geburtstagskindes verzieren, auf Schaschlikspießen in den Kuchen stecken.

TIPP – FÜR TÜFTLER

Lust auf eine passende Galionsfigur am Bug? Dafür einen Piratenkopf formen: 20 g Marzipanrohmasse zu einem runden Taler formen. Mit etwas Zuckerguss ein Piratentuch und mit Zuckerschrift ein Smileygesicht aufmalen. Ein Auge mit einer Augenklappe verdecken!

mit Orangen-Mohnteig

Schokokusstorte

Weil die Mini-Geburtstagskerzen so schnell abbrennen, gibt es Deko-Kerzen aus Schokoküssen. Aber Vorsicht: Bei denen besteht große Stibitzgefahr!

Für den Teig:
9 Eier (L)
300 g Zucker
500 g weiche Butter
250 g backfertige Mohnmischung (Backregal)
125 ml frisch gepresster Orangensaft
1 EL abgeriebene Schale von 1 Bio-Orange
500 g Mehl
1 Pck. Backpulver
Fett für die Form | Backpapier
Für Glasur und Deko:
550 g weiße Kuvertüre
17 Mini-Schokoküsse
ein kleines Stück Marzipanrohmasse
Mini-Geburtstagskerzen mit Kerzenhaltern

Für je 1 Springform von 28 cm und 18 cm ∅
(20 Stücke)
1 Std. Zubereitung | 55 Min. Backen
Pro Stück ca. 610 kcal, 10 g EW, 38 g F, 58 g KH

1 Ofen auf 180° vorheizen. Die Formen einfetten. Eier trennen. Eiweiße steif schlagen. Eigelbe, Zucker und Butter mit dem Handrührgerät dick-schaumig schlagen. Mohn, Orangensaft und -schale unter die Eiermasse rühren. Mehl und Backpulver mischen, mit dem Eischnee zur Eiermasse geben und nur kurz unterrühren. Den Teig auf die Formen verteilen, sodass sie etwa gleich hoch gefüllt sind. Im Ofen (Mitte, Umluft 160°) ca. 55 Min. backen. Den kleinen Kuchen, je nach Form ca. 45 Min. backen.

2 Die Kuchen aus den Formen lösen, umgedreht auf eine mit Backpapier belegte Arbeitsfläche setzen und auskühlen lassen. Die Kuchenwölbung jeweils an der Unterseite gerade abschneiden.

3 Für den Guss die Kuvertüre in einer Metallschüssel über dem heißen Wasserbad schmelzen (siehe Seite 64) und leicht abkühlen lassen. Dann erst einen Teil auf dem großen Kuchen mit einer Palette verteilen. Den kleinen Kuchen in die Mitte setzen, die übrige Kuvertüre in die Mitte gießen und mit der Palette verteilen. Dabei läuft die Kuvertüre über die Ränder, sodass man sie leicht bestreichen kann.

4 Aus der Marzipanrohmasse 17 Kerzenflammen formen (eventuell orange einfärben) und auf die Mini-Schokoküsse drücken. 16 Schokokusskerzen rundherum auf den großen Kuchen auf die etwas angetrocknete, aber noch nicht ganz feste Kuvertüre setzen. Auf den kleinen Kuchen in die Mitte 1 Schokokusskerze setzen und an den Rand rundherum Mini-Geburtstagskerzen setzen.

BACKFORM-TIPP

Ihnen fehlt die kleine Backform? Dann einfach eine runde Auflaufform nehmen. Oder zwei große Kuchen backen und einen in der passenden Größe ausschneiden.

DEKO-TIPP

Anstelle von Schokoküssen die Torte mit allem verzieren, was das Geburtstagskind gerne mag: mit Marshmallows, Schokolinsen, Pralinen, Lollis, ...

mit Nusssteig

Königsschloss

Ihr Mädchen liebt Dornröschen oder Prinzessin Lillifee, Ihren Jungen begeistern mutige Ritter? Dann ist das der Kuchen, mit dem Sie garantiert punkten können.

Für den Teig:
6 Eier (L)
250 g Zucker
300 g weiche Butter
100 g gemahlene Haselnüsse
200 g Mehl
150 g Speisestärke
½ Päckchen Backpulver
Fett für die Form
Für Guss und Deko:
400 g Puderzucker
8 EL frisch gepresster Zitronensaft
4 Eiswaffeltüten
roter, glitzernder Dekorzucker
rote Speisefarbe
Zitronenschnitten (z. B. Manner)

Für 1 Springform von 26 cm ∅ (12 Stücke)
50 Min. Zubereitung | 45 Min. Backen
Pro Stück ca. 700 kcal, 8 g EW, 34 g F, 91 g KH

1 Den Backofen auf 180° vorheizen. Die Form einfetten. Die Eier trennen. Die Eiweiße steif schlagen.

2 Eigelbe, Zucker und Butter mit dem Handrührgerät dick-schaumig schlagen, dann die Haselnüsse unterrühren. Mehl, Speisestärke und Backpulver mischen. Mit dem Eischnee zur Eiermasse geben und nur kurz unterrühren. Teig in die Form füllen und im Ofen (Mitte, Umluft 160°) ca. 45 Min. backen. Aus der Form nehmen und abkühlen lassen.

3 Für den Guss den Puderzucker mit Zitronensaft zu einem dicken Guss verrühren. Für die Deko die Eiswaffeltüten mit etwas Guss überziehen, mit Dekorzucker bestreuen und trocknen lassen. Den restlichen Zuckerguss mit roter Speisefarbe rosa einfärben. Den Kuchen damit überziehen, dabei 4 EL Zuckerguss übrig lassen. Die Kuchenoberfläche mit etwas Dekorzucker bestreuen.

4 Solange der Zuckerguss noch etwas flüssig ist, die Eiswaffeltüten als Schlosstürme symmetrisch auf den Kuchen setzen. Zwischen den Türmen aus den Zitronenschnitten und dem übrigen Zuckerguss als »Baukleber« eine Schlossmauer bauen. In der ersten Reihe die Zitronenschnitten dicht nebeneinandersetzen. In der zweiten Reihe etwas Abstand zwischen den Waffeln lassen, damit ein Zinnenmuster entsteht.

VARIANTE – RITTERBURG

Statt mit Zuckerguss den Kuchen mit Kuvertüre überziehen. Dafür 250 g Vollmilch-Kuvertüre schmelzen (siehe Seite 64). Den Kuchen damit überziehen. Für die Türme und Mauer kleine, rechteckige Haselnuss-Schokoladenschnitten (z. B. Manner) verwenden.

ALLTAGS-VARIANTE

Die Basis des Königsschlosses ist ein leckerer Nuss-Sandkuchen, den man auch in einer Kasten- oder Gugelhupfform backen kann. Er schmeckt mit und ohne Glasur.

mit Apfel-Marzipan-Teig

Clowntorte

Dieser Apfelkuchen ist schnell gebacken. Denn die Marzipandecke gibt's fix und fertig zu kaufen, und die Deko ist kinderleicht zu machen.

Für den Teig:
4 Äpfel
125 g Marzipanrohmasse
6 Eier (L)
300 g weiche Butter
250 g Zucker | 400 g Mehl
½ Päckchen Backpulver
Fett für die Form
Für die Deko:
1 Marzipandecke (300 g Fertigprodukt, Backregal)
150 g Marzipanrohmasse
rote und grüne Speisefarbe (aus der Tube)
Kakaopulver
2 blaue Schokolinsen für die Augen
weiße Zuckerschrift für die Schleife
6–8 rote Fruchtgummischnüre als Haare

Für 1 Springform von 28 cm ∅ (12 Stücke)
50 Min. Zubereitung | 35 Min. Backen
Pro Stück ca. 680 kcal, 9 g EW, 35 g F, 81 g KH

1 Äpfel schälen, entkernen und grob reiben. Die Marzipanrohmasse in kleine Würfel schneiden. Den Backofen auf 180° vorheizen. Die Form einfetten.

2 Eier, Butter und Zucker mit dem Handrührgerät dick-schaumig rühren. Äpfel und Marzipanwürfel untermischen. Das Mehl und Backpulver mischen und kurz unterrühren. Den Teig in die Form füllen und im Ofen (Mitte, Umluft 160°) ca. 35 Min. backen. Aus der Form nehmen und abkühlen lassen.

3 Für die Deko die Marzipandecke über den Kuchen legen, wenn nötig, überschüssige Seitenränder wegschneiden. 100 g Marzipanrohmasse mit roter Speisefarbe verkneten. Die rote Masse zu einer dicken runden Nase und einem Mund formen. Ein kleines Marzipanstück mit Kakaopulver verkneten, daraus vier kurze Stränge für die Augenkreuze und eventuell noch zwei weitere Stränge für die Augenbrauen formen.

4 Die Marzipanteile so auf die Torte legen und leicht andrücken, dass ein Clowngesicht entsteht. In die Mitte der beiden Augenkreuze jeweils 1 blaue Schokolinse als Pupille setzen.

5 Die übrige Marzipanrohmasse grün einfärben, dünn ausrollen und daraus eine Fliege formen. Mit weißer Zuckerschrift kleine Punkte aufmalen, die Fliege unter den Mund an den Rand des Kuchens setzen und festdrücken. Die Fruchtgummischnüre als Haare auf die Torte legen.

DEKO-VARIANTEN

Statt der Marzipandecke 250 g Marzipanrohmasse in der Größe der Torte ausrollen. Oder die Torte mit Zuckerguss (siehe Klappe hinten) überziehen. Für Augen und Nase runde Lollis verwenden. Mund und Haare mit Zuckerschrift aufmalen.

ALLTAGS-VARIANTE

Ohne Deko ist die Clowntorte ein saftiger Apfelkuchen. Diesen nach Belieben noch mit Puderzucker bestäuben.

Schnelles für alle Tage

Dieses Lieblingsrezept unserer Familie ist entstanden, als wir überreife Bananen verwerten wollten. Meine Kinder fanden den Bananenkuchen so lecker, dass ich ihn seit Jahren immer wieder backen muss. Und weil er ruck, zuck in 20 Minuten im Ofen ist – wie übrigens fast alle Kuchen im folgenden Kapitel – mache ich das auch gerne.

Bananen-Split-Rührkuchen

2 reife Bananen
250 g weiche Butter
150 g Zucker
5 Eier (L)
50 g Schokotröpfchen
300 g Mehl | ½ Pck. Backpulver
Fett für die Form
Puderzucker zum Bestäuben

Für 1 Gugelhupfform von 22 cm Ø (12 Stücke)
20 Min. Zubereitung | 45 Min. Backen
Pro Stück ca. 390 kcal, 7 g EW, 23 g F, 39 g KH

1 Backofen auf 180° vorheizen. Die Form einfetten. Die Bananen schälen, pürieren oder zerdrücken.

2 Butter und Zucker mit dem Handrührgerät dickschaumig rühren. Eier nach und nach unterrühren. Bananen und Schokotröpfchen unter die Eiermasse mischen. Das Mehl und Backpulver mischen und unterrühren. Den Teig in die Form füllen und im Backofen (Mitte, Umluft 160°) ca. 45 Min. backen. Den Kuchen aus der Form nehmen, abkühlen lassen und mit Puderzucker bestäuben.

VARIANTE

Die Schokotröpfchen durch grob geriebene Vollmilch- oder Zartbitter-Kuvertüre ersetzen oder weglassen.

DEKO-TIPP – MIT SCHOKOBANANE

Den Teig in einer Kastenform (25 cm Länge) backen. Aus der Form lösen und mit der glatten Seite nach oben abkühlen lassen. 300 g Vollmilch-Kuvertüre schmelzen (siehe Seite 64). Den Kuchen damit überziehen, dabei 4 EL übrig lassen. 1 Banane halbieren oder in Scheiben schneiden und auf den noch weichen Guss legen. Banane mit übriger Kuvertüre überziehen.

ganz einfach

Saure-Sahne-Muffins

3 Eier (L)
100 g weiche Butter
150 g Zucker | 1 Pck. Vanillezucker
200 g saure Sahne
200 g Mehl | ½ Pck. Backpulver
Außerdem:
12er-Muffinblech | Fett für die Form

Für 12 Stück
15 Min. Zubereitung | 20 Min. Backen
Pro Stück ca. 225 kcal, 5 g EW, 11 g F, 26 g KH

1 Den Backofen auf 180° vorheizen. Die Mulden der Form einfetten. Eier, Butter, Zucker und Vanillezucker mit dem Handrührgerät dick-schaumig rühren. Die saure Sahne unterrühren. Das Mehl und Backpulver mischen und nur kurz unterrühren.

2 Den Teig in die Mulden der Form füllen und im Backofen (Mitte, Umluft 160°) ca. 20 Min. backen. Herausnehmen und abkühlen lassen. Die Muffins nach Belieben verzieren (siehe Deko-Tipps).

DEKO-TIPPS

Mit Buttercreme: ½ Päckchen Vanillepudding nach Packungsangabe kochen und abkühlen lassen. 100 g weiche Butter etwas cremig rühren, nach und nach den kalten Pudding unterrühren. Die Buttercreme nach Belieben mit ein paar Tropfen Speisefarbe einfärben, auf die Muffins streichen oder aufspritzen.

Mit Schokoüberzug: Die Muffins mit geschmolzener Kuvertüre (siehe Seite 64) oder fertiger Schokoladenglasur überziehen. Nach Belieben mit Schokoherzen, Pralinen oder Schokoraspeln verzieren.

fein säuerlich

Zitrusherzen

3 Eier (L)
200 g weiche Butter
150 g Zucker
10 EL frisch gepresster Limettensaft
3 EL frisch gepresster Orangensaft
200 g Mehl | 1 TL Backpulver
250 g Puderzucker
rote Speisefarbe
Außerdem:
12er-Herz-Muffin-Form | Fett für die Form

Für 12 Stück
15 Min. Zubereitung | 20 Min. Backen
Pro Stück ca. 360 kcal, 4 g EW, 17 g F, 47 g KH

1 Den Backofen auf 180° vorheizen. Die Mulden der Form gut einfetten. Eier, Butter und Zucker mit dem Handrührgerät dick-schaumig rühren. 4 EL Limettensaft und den Orangensaft untermischen. Mehl und Backpulver mischen und nur kurz unterrühren. Den Teig in die Mulden der Form füllen und im Ofen (Mitte, Umluft 160°) ca. 20 Min. backen. Herzen aus der Form nehmen und abkühlen lassen.

2 Puderzucker mit 6 EL Limettensaft zu einem Guss verrühren. Mit Speisefarbe rot einfärben. Die Muffins damit überziehen und trocknen lassen.

TIPPS

Statt einer Herz-Muffin-Form ein normales Muffinblech oder Papierbackförmchen verwenden, dann immer zwei ineinandersetzen. Kleine Zuckerherzen auf den nicht ganz trockenen Guss streuen. Oder mit Zuckerschrift einen Gruß auf den trockenen Zuckerguss schreiben.

oben: Saure-Sahne-Muffins | unten: Zitrusherzen

mit Schokosahne

Stracciatella-Muffins

100 g Sahne
100 g Vollmilch-Kuvertüre
2 Eier (L)
200 g weiche Butter
150 g Zucker
200 g Mehl
½ Pck. Backpulver
75 g Schokotröpfchen
Schokoraspeln zum Bestreuen
Außerdem:
12er-Muffinblech
Fett und Mandelblättchen für die Form

Für 12 Stück | 25 Min. Zubereitung
2 Std. Kühlen | 20 Min. Backen
Pro Stück ca. 390 kcal, 5 g EW, 25 g F, 35 g KH

1 Für die Schokosahne die Sahne in einem kleinen Topf erhitzen, dann vom Herd nehmen. Die Kuvertüre dazubröckeln und darin unter Rühren schmelzen. Die Mischung in eine Rührschüssel geben und ca. 2 Std. kalt stellen.

2 Den Backofen auf 180° vorheizen. Die Mulden der Form einfetten und mit Mandelblättchen ausstreuen. Eier, Butter und Zucker mit den Quirlen des Handrührgeräts dick-schaumig rühren. Mehl und Backpulver mischen. Mit Schokotröpfchen zur Eiermasse geben und kurz untermischen. Den Teig in die Mulden der Form füllen und im Ofen (Mitte, Umluft 160°) ca. 20 Min. backen. Abkühlen lassen.

3 Die Schokosahne mit den Quirlen des Handrührgeräts cremig schlagen. Muffins damit bestreichen und mit Schokoraspeln bestreuen.

locker und saftig

Heidelbeer-Muffins

200 g Heidelbeeren
150 g weiche Butter
2 Eier (L)
100 g Zucker
125 g Magerquark
200 g Mehl
1 TL Backpulver
Puderzucker zum Bestäuben
Außerdem:
12er-Muffinblech | 12 Papierbackförmchen

Für 12 Stück
20 Min. Zubereitung | 20 Min. Backen
Pro Stück ca. 220 kcal, 5 g EW, 12 g F, 23 g KH

1 Den Backofen auf 180° vorheizen. Die Papierbackförmchen in die Mulden der Form setzen.

2 Die Heidelbeeren waschen und abtropfen lassen. Butter, Eier und Zucker mit den Quirlen des Handrührgeräts dick-schaumig rühren. Den Quark unterrühren. Mehl und Backpulver mischen. Mit den Heidelbeeren nur kurz unter den Teig rühren.

3 Den Teig in die Papierbackförmchen füllen und im Backofen (Mitte, Umluft 160°) ca. 20 Min. backen. Die Muffins aus der Form nehmen und abkühlen lassen. Mit Puderzucker bestäuben.

VARIANTE – FRUCHTWECHSEL

Statt Heidelbeeren andere Früchte wie Erdbeeren, Johannisbeeren, klein geschnittene Äpfel, Birnen, Aprikosen oder Mangos nehmen. Im Winter kann man auch TK-Beeren oder Dosenfrüchte verwenden.

oben: Stracciatella-Muffins | unten: Heidelbeer-Muffins

kinderleicht

Knallbonbons mit Quark

8 quadratische Scheiben TK-Blätterteig (ca. 350 g) | 150 g Quark (20 % Fett) | 1 Ei (L) | 3 EL Zucker | Hagelzucker oder Dekorzucker zum Bestreuen | 16 bunte Fruchtgummischnüre | Backpapier

Für 8 Stück
15 Min. Zubereitung | 20 Min. Backen
Pro Stück ca. 240 kcal, 6 g EW, 13 g F, 25 g KH

1 Backofen auf 200° vorheizen. Ein Backblech mit Backpapier auslegen. Blätterteig etwas ausrollen, sodass er leicht rechteckig ist. Den Quark mit Ei und Zucker verrühren, in die Mitte der Teigstücke geben. Den Teig von der langen Seite her aufrollen, die Nahtstelle etwas festdrücken. Die Teigenden wie Bonbonpapier zusammendrehen. Den Teig mit Hagel- oder Dekorzucker bestreuen. Im Ofen (Mitte, Umluft 180°) ca. 20 Min. backen. Abkühlen lassen. Die Gummischnüre an den beiden Enden der Knallbonbons zu einer Schleife binden.

einfach raffiniert

Nuss-Windräder

8 quadratische Scheiben TK-Blätterteig (ca. 350 g) | 6 EL gemahlene Haselnüsse | 6 EL Sahne | 3 TL Zucker | ½ TL Zimtpulver | Puderzucker zum Bestäuben | Backpapier

Für 8 Stück
15 Min. Zubereitung | 20 Min. Backen
Pro Stück ca. 250 kcal, 3 g EW, 18 g F, 19 g KH

1 Backofen auf 200° vorheizen. Ein Backblech mit Backpapier auslegen. Die Blätterteigstücke aufs Blech legen und von jeder Teigecke aus mit einem Messer in Richtung Mitte einschneiden, und zwar etwa die halbe Strecke bis zur Mitte. Die Nüsse mit Sahne, Zucker und Zimt verrühren. Die Masse jeweils in die Mitte der Teigstücke setzen und von der linken Ecke aus jede zweite Ecke zur Mitte hin klappen, sodass eine Windmühle entsteht. Im Ofen (Mitte, Umluft 180°) ca. 20 Min. backen. Mit Puderzucker bestäuben und warm servieren.

ohne Ei

Kinder-Tiramisu

500 g Mascarpone | 500 g Vanillejoghurt | 80 g + 1 EL Zucker | 4 EL Milch | 2 EL Kakaopulver | 150 ml Milch | 300 g Löffelbiskuits | Kakaopulver zum Bestäuben

Für eine Auflaufform ca. 30 x 20 cm (10 Stücke)
25 Min. Zubereitung | 4 Std. Kühlen
Pro Stück ca. 450 kcal, 8 g EW, 29 g F, 39 g KH

1 Für die Creme Mascarpone mit Joghurt, 80 g Zucker und Milch in einer Schüssel mit dem Handrührgerät verrühren. Kakaopulver mit 1 EL Zucker und Milch in einer Schüssel verrühren. Die Löffelbiskuits darin Stück für Stück kurz eintauchen und nebeneinander in die Auflaufform legen. Sobald der Boden belegt ist, die Hälfte der Creme darauf verteilen. Restliche Biskuits ebenfalls tränken und auf die Creme legen. Übrige Creme darüber verteilen und die Tiramisu mindestens 4 Std. in den Kühlschrank stellen. Mit Kakaopulver bestäuben.

ohne Backen

Kalter Hund

100 g weiche Butter | 100 g Vollmilch-Kuvertüre | 100 g Puderzucker | 20 Butterkekse | Schokoladenstreusel zum Bestreuen

Für 8 Stücke
20 Min. Zubereitung | 1 Std. Kühlen
Pro Stück ca. 250 kcal, 2 g EW, 16 g F, 25 g KH

1 Butter und Kuvertüre schmelzen (siehe Seite 64). Den Puderzucker unterrühren, bis er sich aufgelöst hat. Eine kleine Auflaufform mit Frischhaltefolie auslegen. 4 Butterkekse hintereinander in die Form legen. Etwas Schokoladenmasse daraufstreichen. Wieder 4 Butterkekse darauflegen und mit Schokoladenmasse bestreichen. Das Schichten wiederholen, bis die Butterkekse verbraucht sind. Die oberste Schicht sollte Schokomasse sein. Mit Schokoladenstreuseln bestreuen. Kuchen ca. 1 Std. kalt stellen. Mit einem Brotmesser mit Sägeschliff vorsichtig in 8 Stücke schneiden.

extra knusprig

Erdbeertörtchen mit Vanillecreme

Mit knusprigem Mürbeteig und leckerer Creme schmecken Früchte noch besser. Die Obstsorte lässt sich nach Jahreszeit und Geschmack variieren.

Für die Törtchen:
250 g Mehl | 150 g weiche Butter
60 g Zucker | 1 Ei (L)
1 Prise Salz
Fett für die Förmchen
Für die Füllung:
125 ml + 1 EL Milch
1 Pck. Vanillezucker
1 EL Zucker
1 Ei (L) | 1 EL Mehl
200 g Erdbeeren

Für 6 Tortelettformen (à 10 cm ∅)
15 Min. Zubereitung | 15 Min. Backen
Pro Stück ca. 460 kcal, 9 g EW, 26 g F, 48 g KH

1 Den Backofen auf 180° vorheizen. Die Formen einfetten. Mehl, Butter, Zucker, Ei und Salz erst mit den Knethaken des Handrührgeräts, dann mit den Händen zu einem glatten Teig verkneten. Den Teig gleichmäßig in die Tortelettformen drücken.

2 Den Teig im Backofen (Mitte, Umluft 160°) ca. 15 Min. backen. Die Törtchen abkühlen lassen, dann aus den Formen stürzen. Inzwischen 125 ml Milch mit Vanillezucker, Zucker und Ei in einem Topf bei kleiner Hitze erhitzen. 1 EL Mehl mit 1 EL Milch verrühren, in die heiße Milch rühren und einmal aufkochen lassen. Vanillecreme sofort auf die Törtchen geben. Erdbeeren waschen, putzen und in Scheiben schneiden. Die Creme damit belegen.

BACKFORM-TIPP

Wer keine Tortelettformen hat, bäckt den Teig in einer Spring- oder Tortenbodenform (28 cm ∅). Dann den Teig für den Boden aus 300 g Mehl, 200 g Butter, 80 g Zucker und 1 Ei kneten. Den Boden backen und belegen.

VARIANTEN – OBSTTÖRTCHEN

Kiwitörtchen mit Orangenguss
4 Kiwis schälen, in Scheiben schneiden und die Törtchen damit belegen. Aus 1 Päckchen klarem Tortenguss, 2 EL Zucker und 1/4 l frisch gepresstem Orangensaft statt Wasser nach Packungsanweisung einen Guss zubereiten. Den Guss gleichmäßig auf den Kiwis verteilen und fest werden lassen. Eventuell zwischen die Kiwis noch 2 Kirschen als Augen und einen Mund aus 1 Apfel- oder Pfirsichspalte setzen.

Aprikosentörtchen mit Honigjoghurt
150 g Sahnejoghurt mit 1 EL Honig verrühren und auf den Törtchen verteilen. Etwa 6 Aprikosen waschen, halbieren, entkernen und in Scheiben schneiden. Die Törtchen damit belegen.

Birnentörtchen mit Zimtsahne
150 g Sahne mit 1 TL Zucker und 1 Msp. Zimtpulver steif schlagen. Die Zimtsahne auf den Törtchen verteilen. 4 Birnen waschen, abtrocknen und ohne die Kerngehäuse in Spalten schneiden. Die Törtchen mit den Birnenspalten belegen und sofort servieren.

locker-fruchtig

Zitronenkranz

Mit wenigen Zutaten aus dem Vorrat ist dieser Kuchen im Handumdrehen im Ofen. Die Zitronen machen ihn saftig und die Haferflocken locker.

3 Zitronen | 450 g weiche Butter | 450 g Zucker | 7 Eier (L) | 370 g Mehl | 1 Päckchen Backpulver | 150 g blütenzarte Haferflocken | Fett für die Form

Für eine Rohrbodenform von 28 cm ∅ (19 Stücke)
20 Min. Zubereitung | 55 Min. Backen
Pro Stück ca. 410 kcal, 7 g EW, 24 g F, 43 g KH

1 Den Backofen auf 180° vorheizen. Die Form gut einfetten. Den Saft der Zitronen auspressen. Es sollten etwa 100 ml sein.

2 Die Butter und den Zucker in einer Rührschüssel mit den Quirlen des Handrührgeräts dick-schaumig rühren. Die Eier nach und nach unter die Butter-Zucker-Masse rühren. Den Zitronensaft ebenfalls unter die Masse rühren.

3 Das Mehl und Backpulver mischen. Die Mischung mit den Haferflocken zur Eiermasse geben und nur kurz untermischen.

4 Den Teig in die Form füllen und im Backofen (Mitte, Umluft 160°) ca. 55 Min. backen. Den Kuchen aus der Form nehmen und auf einem Kuchengitter abkühlen lassen.

TIPPS

Noch fruchtiger und süßer schmeckt er mit einem Guss aus Puderzucker und Zitronensaft. Wer's nicht ganz so süß mag, nimmt für den Teig 50–100 g Zucker weniger.

VARIANTE

Statt mit Zitronensaft kann man den Teig auch mit frisch gepresstem Limetten- oder Orangensaft zubereiten.

raffiniert

Makronenkuchen

6 Eier (L) | 300 g Butter | 250 g + 2 EL Zucker | 300 g Mehl | 100 g gemahlene Mandeln | 1 TL Zimtpulver | Fett für die Form

Für eine Kastenform von 30 cm Länge (15 Stücke)
20 Min. Zubereitung | 55 Min. Backen
Pro Stück ca. 380 kcal, 7 g EW, 24 g F, 34 g KH

1 Backofen auf 180° vorheizen. Die Form einfetten. Die Eier trennen. Die Eiweiße steif schlagen.

2 Butter und 250 g Zucker mit dem Handrührgerät dick-schaumig rühren. Die Eigelbe nach und nach unterrühren. Mehl und zwei Drittel des Eischnees unterheben. Den Teig in die Form füllen. Übrigen Eischnee mit Mandeln, 2 EL Zucker und Zimtpulver verrühren. Die Makronenmasse auf den Teig geben. Mit einer Gabel von oben nach unten spiralförmig mischen. Im Ofen (Mitte, Umluft 160°) ca. 55 Min. backen. Aus der Form nehmen und abkühlen lassen.

lecker saftig

Mandarinenkuchen

2 Dosen Mandarinen (à 175 g Abtropfgewicht) | 250 g weiche Butter | 200 g Zucker | 3 Eier (L) | 250 g Magerquark | 300 g Mehl | 50 g Speisestärke | 2 TL Backpulver | Fett für die Form

Für 1 Gugelhupfform von 22 cm ∅ (12 Stücke)
20 Min. Zubereitung | 50 Min. Backen
Pro Stück ca. 390 kcal, 8 g EW, 20 g F, 43 g KH

1 Backofen auf 180° vorheizen. Die Form einfetten. Die Mandarinen in einem Sieb abtropfen lassen.

2 Butter und Zucker mit dem Handrührgerät dick-schaumig rühren. Die Eier nach und nach unterrühren. Quark und Mandarinen dazugeben und untermischen, dabei dürfen die Früchte zerfallen. Mehl, Speisestärke und Backpulver mischen, dazugeben und kurz unterrühren. Den Teig in die Form füllen. Im Backofen (Mitte, Umluft 160°) ca. 50 Min. backen. Aus der Form nehmen und abkühlen lassen.

Wochenendkuchen

Egal, wie anstrengend die Woche war: Schon der Duft von frisch gebackenem Kuchen hebt die Stimmung, entspannt und macht das Wochenendgefühl perfekt. Bei uns ist der Käsekuchen ein beliebter Gute-Laune-Macher. Waffeln oder Schokoladenkuchen sind ebenfalls begehrt. Finden auch Sie ihren Liebling unter den Wochenendrezepten.

Käsekuchen

200 g Mehl
2 TL Backpulver
150 g weiche Butter
250 g Zucker
4 Eier (L)
750 g Magerquark
Saft von 1 Zitrone
200 g Sahne
200 g saure Sahne
1 Pck. Vanillepuddingpulver zum Kochen
Fett für die Form

Für 1 Springform von 26 cm ∅ (12 Stücke)
25 Min. Zubereitung | 1 Std. Backen
Pro Stück ca. 400 kcal, 14 g EW, 21 g F, 39 g KH

1 Den Ofen auf 180° vorheizen. Die Form einfetten. Mehl und Backpulver in einer Schüssel mischen. Butter in Flöckchen, 100 g Zucker und 1 Ei zugeben. Alles erst mit den Knethaken des Handrührgeräts, dann mit den Händen zu einem glatten Mürbeteig verkneten. Den weichen Teig in die Form drücken.

2 Quark, übrige Eier und 150 g Zucker mit dem Handrührgerät verrühren. Zitronensaft, Sahne, saure Sahne und Puddingpulver unter den Quark rühren. Die Masse auf dem Teig verteilen und den Kuchen im Backofen (Mitte, Umluft 160°) ca. 1 Std. backen. Den Ofen ausschalten, die Ofentür wenig öffnen und den Kuchen darin mindestens 15 Min. stehen lassen, damit er nicht zu sehr einsinkt.

VARIANTEN
Wer mag, belegt den Boden mit Aprikosen- oder Pfirsichhälften, bevor die Quarkmasse draufkommt. Oder rührt noch 50–100 g Rosinen unter die Quarkmasse. Der Käsekuchen schmeckt auch ohne Teigboden lecker. Die Backzeit bleibt dann gleich.

raffiniert | herrlich fruchtig

Himbeerjoghurtsahne

Sieht aus wie vom Konditor, schmeckt mindestens so lecker und ist ganz leicht zu machen. Mit Vitaminen in ihrer leckersten Form, und genauso wie Kinder sie lieben.

Für den Teig:
60 g weiche Butter
100 g Zucker
4 Eier (L)
100 g Mehl
Fett für die Form
Für die Creme:
2 Pck. gemahlene weiße Gelatine
450 g Himbeeren (frisch oder tiefgekühlt)
200 g Sahne
150 g Zucker
500 g fettarmer Joghurt
Für den Guss:
1 Pck. roter Tortenguss
2 EL Zucker
¼ l roter Johannisbeernektar

Für 1 Springform von 28 cm ∅ (12 Stücke)
30 Min. Zubereitung
4 Std. Kühlen | 15 Min. Backen
Pro Stück ca. 300 kcal, 6 g EW, 14 g F, 37 g KH

1 Den Backofen auf 180° vorheizen. Die Form einfetten. Für den Boden Butter und Zucker mit den Quirlen des Handrührgeräts dick-schaumig rühren. Die Eier nach und nach unter die Butter-Zucker-Masse rühren. Das Mehl unterheben und den Teig in die Form füllen. Den Teig im Backofen (Mitte, Umluft 160°) ca. 15 Min. backen. Den Boden in der Form abkühlen lassen.

2 Für die Creme die Gelatine in einem kleinen Topf mit etwas kaltem Wasser verrühren, ca. 10 Min. quellen lassen. TK-Himbeeren auftauen lassen. Frische Himbeeren verlesen. Die Sahne steif schlagen.

3 Himbeeren mit Zucker pürieren, Joghurt und Sahne unterrühren. Gelatine unter Rühren bei kleiner Hitze auflösen. Einige Esslöffel Himbeercreme unterrühren und leicht warm werden lassen, damit die Gelatine nicht klumpt! Dann die Gelatinemischung zügig unter die Himbeercreme mischen. Die Creme auf den Biskuit in der Form streichen und mindestens 4 Std. in den Kühlschrank stellen.

4 Für den Guss das Tortengusspulver mit Zucker und Nektar in einem Topf verrühren und einmal aufkochen. Den Guss von der Mitte aus gleichmäßig auf der Creme in der Form verteilen und fest werden lassen. Mit einem Kuchenlöser einmal am Tortenrand entlangfahren und die Torte vorsichtig aus der Form lösen.

VARIANTE – FRUCHTWECHSEL

Statt Himbeeren schmecken auch alle anderen frischen oder TK-Beeren und TK-Beerenmischungen. Exotisch wird die Creme mit Mangos. Achten Sie auf vollreife Früchte, denn unreife Mangos haben keinen Geschmack. Eine gute Alternative sind Mangos aus der Dose. Weil die sehr süß sind, dann am besten noch 3–4 EL frisch gepressten Limettensaft unter die pürierten Früchte rühren.

mit Sahne genießen

Schokoladenkuchen

200 g Vollmilch-Kuvertüre
5 Eier (L)
200 g weiche Butter
150 g Zucker
250 g gemahlene Mandeln
2 EL Kakaopulver
Fett für die Form
Puderzucker und Kakaopulver zum Bestäuben

Für 1 Springform von 28 cm ∅ (12 Stück)
30 Min. Zubereitung | 30 Min. Backen
Pro Stück ca. 450 kcal, 9 g EW, 35 g F, 24 g KH

1 Die Kuvertüre in einer Schüssel über dem heißen Wasserbad schmelzen (siehe Seite 64). Den Backofen auf 180° vorheizen. Die Form einfetten. Die Eier trennen. Die Eiweiße steif schlagen.

2 Butter und Zucker mit den Quirlen des Handrührgeräts dick-schaumig rühren. Die Eigelbe nach und nach unterrühren. Erst die Kuvertüre, dann Mandeln, Kakaopulver und Eischnee unter die Eiermasse rühren. Den Teig in die Form füllen. Im Backofen (Mitte, Umluft 160°) ca. 30 Min. backen. Aus der Form nehmen und abkühlen lassen.

3 Den Kuchen erst dick mit Puderzucker bestäuben, dann eine Tortenschablone auf den Puderzucker legen und mit Kakaopulver ein Muster auf die Torte sieben. Oder den Kuchen nur mit Puderzucker bestäuben. Oder aus Pappe Figuren ausschneiden (z. B. Herzen, Sterne, Lieblingsmotive von Plätzchenausstechern), auf dem Tortenboden verteilen, Puderzucker darübersieben. Schablone vorsichtig vom Kuchen nehmen.

Klassiker

Marmorkuchen

5 Eier (L)
300 g weiche Butter
300 g Zucker | 300 g Mehl
2 EL Kakaopulver
5 EL Milch
Fett für die Form
Puderzucker zum Bestäuben

Für 1 Gugelhupfform von 22 cm ∅ (12 Stück)
20 Min. Zubereitung | 50 Min. Backen
Pro Stück ca. 440 kcal, 7 g EW, 25 g F, 45 g KH

1 Den Backofen auf 180° vorheizen. Die Form einfetten. Die Eier trennen. Die Eiweiße steif schlagen. Butter und Zucker mit den Quirlen des Handrührgeräts dick-schaumig rühren. Die Eigelbe nach und nach unterrühren. Mehl und Eischnee dazugeben und nur kurz unterrühren.

2 Die Hälfte des Teiges in die Form füllen. Das Kakaopulver und die Milch unter den restlichen Teig rühren. Den dunklen Teig auf den hellen Teig geben. Die Teige mit einer Gabel von oben nach unten spiralförmig mischen, sodass ein Marmormuster entsteht. Den Kuchen im Backofen (Mitte, Umluft 160°) ca. 50 Min. backen. Aus der Form nehmen und abkühlen lassen. Mit Puderzucker bestäuben.

TIPP – MIT SCHOKOGLASUR

250 g Vollmilch- oder Zartbitterschokolade schmelzen, leicht abkühlen lassen und gleichmäßig auf dem Kuchen verteilen. Auch witzig: Dunkle und weiße Kuvertüre getrennt schmelzen und streifenweise abwechselnd über den Kuchen laufen lassen. Am besten erst einen Guss fest werden lassen, dann den zweiten auftragen.

oben: Schokoladenkuchen | unten: Marmorkuchen

mit Biskuitteig

Erdbeerkuchen

Für den Teig:
60 g Butter | 4 Eier (L)
100 g Zucker
100 g Mehl
Fett für die Form
Für Belag und Guss:
500 g Erdbeeren
1 Pck. roter Tortenguss
2 EL Zucker
1/4 l Orangensaft

Für 1 Springform von 28 cm ∅ (12 Stücke)
25 Min. Zubereitung | 15 Min. Backen
Pro Stück ca. 170 kcal, 4 g EW, 8 g F, 21 g KH

1 Den Backofen auf 180° vorheizen. Die Form einfetten. Die Butter zerlassen. Eier trennen. Eiweiße steif schlagen. Eigelbe und Zucker dick-schaumig rühren. Zerlassene Butter, Mehl und Eischnee dazugeben und kurz unterrühren. Teig in die Form füllen. Im Backofen (Mitte, Umluft 160°) ca. 15 Min. backen. Aus der Form nehmen und abkühlen lassen.

2 Erdbeeren waschen, putzen, halbieren oder in Scheiben schneiden. Den Tortenboden damit belegen. Den Guss mit Zucker und Orangensaft statt mit Wasser nach Packungsanleitung zubereiten. Von der Mitte aus auf dem Kuchen verteilen.

TIPPS

Die doppelte Teigmenge backen. Biskuit halbieren, eine Hälfte belegen, die andere einfrieren. Statt Erdbeeren Früchte der Saison, Tiefkühl- oder Dosenfrüchte nehmen. Vor dem Belegen den Biskuit mit 100 g geschmolzener Kuvertüre bestreichen und fest werden lassen.

gelingt leicht

Versunkener Apfelkuchen

200 g weiche Butter
150 g Zucker | 3 Eier (L)
150 g Mehl
50 g Speisestärke
1/2 Pck. Backpulver
900 g säuerliche Äpfel (z. B. Cox Orange, Granny Smith)
Fett für die Form
Puderzucker zum Bestäuben

Für 1 Springform mit 28 cm ∅ (12 Stücke)
30 Min. Zubereitung | 35 Min. backen
Pro Stück ca. 300 kcal, 4 g EW, 17 g F, 32 g KH

1 Backofen auf 180° vorheizen. Die Form einfetten. Butter und Zucker mit dem Handrührgerät dickschaumig rühren. Eier nach und nach unterrühren. Mehl, Speisestärke und Backpulver mischen und nur kurz unterrühren. Den Teig in die Form füllen.

2 Äpfel schälen, vierteln, entkernen und in Spalten schneiden. Den Teig damit belegen und etwas in den Teig drücken. Im Ofen (Mitte, Umluft 160°) ca. 35 Min. backen. Aus der Form nehmen, leicht abkühlen lassen und mit Puderzucker bestäuben.

TIPP

Den Kuchen vor dem Backen mit gehackten Mandeln und etwas Zimtzucker bestreuen.

VARIANTE – FRUCHTWECHSEL

Statt Äpfel schmecken auch Birnen, Aprikosen, Zwetschgen, Rhabarber oder Rote Johannisbeeren. Je nach Saftigkeit der Früchte kann sich die Backzeit verlängern, bei sehr saftigem Obst um ca. 10 Min.

oben: Versunkener Apfelkuchen | unten: Erdbeerkuchen

fruchtig-frisch

Spiegeleikuchen

Schmeckt ein wenig nach amerikanischem Käsekuchen, doch durch den fruchtigen Guss etwas frischer. Unbedingt ausprobieren!

Für den Teig:
80 g Zucker
300 g Mehl
1 Ei (L)
200 g weiche Butter
Fett für die Form
Für den Belag:
1 Dose Aprikosenhälften (420 g Füllmenge)
250 g Magerquark
150 g Doppelrahmfrischkäse
4 Eier (L)
150 g Zucker
1 Pck. Vanillepuddingpulver zum Kochen
Für den Guss:
1 Pck. klarer Tortenguss
2 EL Zucker
1 EL frisch gepresster Limetten- oder Zitronensaft

Für 1 rechteckige Springform von 35 x 24 cm
(12 Stücke)
35 Min. Zubereitung | 35 Min. Backen
Pro Stück ca. 450 kcal, 10 g EW, 24 g F, 46 g KH

1 Den Backofen auf 180° vorheizen. Die Form einfetten. Zucker, Mehl, Ei und die Butter in Flöckchen in eine Schüssel geben. Erst mit den Knethaken des Handrührgeräts, dann mit den Händen zu einem geschmeidigen Teig verkneten. Entweder den Teig mit den Händen in die Backform drücken. Oder den Teig in Folie gewickelt ca. 30 Min. kalt stellen. Dann den Teig auf die Größe der Form ausrollen.

2 Für den Belag die Aprikosen abtropfen lassen, dabei 1/4 l Saft auffangen. Quark, Frischkäse, Eier, Zucker und Puddingpulver mit den Quirlen des Handrührgeräts verrühren. Die Masse auf dem Teig verteilen. Im Ofen (Mitte, Umluft 160°) ca. 35 Min. backen. Nach ca. 10 Min., wenn die Quarkmasse nicht mehr so flüssig ist, die Aprikosen so auf den Teig legen, dass später jedes Stück in der Mitte eine Aprikose hat, wie bei einem Spiegelei.

3 Den Kuchen in der Form abkühlen lassen. Den Tortenguss mit Zucker, aufgefangenem Aprikosensaft und Zitrussaft in einem kleinen Topf verrühren, dann unter Rühren zum Kochen bringen. Den Guss noch warm zügig und gleichmäßig auf dem Kuchen verteilen und fest werden lassen.

TIPP – RUNDE SPRINGFORM

Sie besitzen keine rechteckige Backform? Dann den Kuchen in einer Springform (28 cm ∅) backen.

VARIANTE – MIT FRISCHEN FRÜCHTEN

Noch fruchtiger wird's, wenn man den Kuchen dicht mit Aprikosen belegt. Im Sommer den Kuchen mit frischen Aprikosen zubereiten. Dann den Guss aus 125 ml frisch gepresstem Orangensaft oder Aprikosennektar, 125 ml Wasser, 1 EL frisch gepresstem Zitronensaft und 2 EL Zucker zubereiten.

Klassiker

Waffeln

4 Eier (L)
100 g weiche Butter
120 g Zucker
etwas abgeriebene Schale von 1 Bio-Orange
100 g Sahne
150 g Mehl
1 TL Backpulver
Fett fürs Waffeleisen
Puderzucker zum Bestäuben

Für 6 Stück
10 Min. Zubereitung | 25 Min. Backen
Pro Stück ca. 435 kcal, 9 g EW, 26 g F, 41 g KH

1 Eier, Butter, Zucker und Orangenschale mit den Quirlen des Handrührgeräts verrühren. Die Sahne unter die Eiermasse rühren. Das Mehl und Backpulver mischen und kurz unterrühren.

2 Das Waffeleisen einfetten und heiß werden lassen. Aus dem Teig 6 Waffeln backen. Dafür pro Waffel 2–3 EL Teig auf die Unterseite des Waffeleisens geben, geschlossen in ca. 4 Min. goldbraun backen. Mit Puderzucker bestäuben und servieren.

TIPP – LECKERE BEILAGEN

Waffeln sind pur lecker, aber auch mit Schlagsahne, frischen Früchten, Kompott, 1 Kugel Eis nach Geschmack und mit Schokoladen- oder Vanilledip.

VARIANTE – WAFFELTORTE

3 Waffeln übereinanderschichten, dabei jeweils mit einer Creme füllen, zum Beispiel mit der Schokosahne von den Stracciatella-Muffins auf Seite 26 oder der Erdbeercreme von der Herztorte auf Seite 8.

Frühstückshit

Hefezopf

125 ml Milch
1 Würfel frische Hefe (42 g)
150 g weiche Butter
100 g Zucker | 2 Eier (L)
500 g Mehl | 100 g Puderzucker
Mehl zum Arbeiten
Backpapier

Für ca. 20 Stücke | 35 Min. Zubereitung
45 Min. Backen | 1 Std. 20 Min. Ruhen
Pro Stück ca. 200 kcal, 4 g EW, 8 g F, 29 g KH

1 Die Milch lauwarm erwärmen. Hefe dazubröckeln, verrühren und ca. 15 Min. ruhen lassen. Ein Backblech mit Backpapier auslegen. Butter, Zucker und Eier mit den Quirlen des Handrührgeräts schaumig rühren. Mehl und Hefemischung dazugeben. Mit den Knethaken des Handrührgeräts verkneten, bis der Teig glatt ist. Zugedeckt an einem warmen Ort mindestens 1 Std. gehen lassen.

2 Den Teig noch mal kneten und in 3 Stücke teilen. Jedes Teigstück rundherum mit etwas Mehl bestäuben und jeweils zu einem ca. 3 cm dicken Strang rollen. Die Stränge müssen gleich lang sein.

3 Die Teigstränge nebeneinander auf das Blech legen und zu einem Zopf flechten, die beiden Enden zusammendrücken. Den Hefezopf zugedeckt ca. 20 Min. ruhen lassen. Inzwischen den Backofen auf 180° vorheizen.

4 Den Hefezopf im Backofen (Mitte, Umluft 160°) ca. 45 Min. backen. Puderzucker mit 5 EL Wasser verrühren und den warmen Zopf damit bestreichen.

oben: Waffeln | unten: Hefezopf

wie von Großmutter

Streuselkuchen

Hefeteig ist weder aufwendig noch kompliziert. Die Hefe muss frisch und die Milch darf nicht zu heiß sein. Gerührt ist er schnell, nur zum Gehen braucht er Zeit.

Für den Teig:
¼ l Milch
1 Würfel frische Hefe (42 g)
50 g weiche Butter
500 g Mehl
80 g Zucker | 2 Eier (L)
Backpapier
Mehl zum Arbeiten
Für die Streusel:
300 g Mehl
130 g Zucker
180 g weiche Butter

Für ca. 20 Stücke | 35 Min. Zubereitung
1 Std. 15 Min. Ruhen | 30 Min. Backen
Pro Stück ca. 285 kcal, 6 g EW, 11 g F, 40 g KH

1 Die Milch in einem Topf lauwarm erwärmen. Die Hefe in die Milch bröckeln und mit einem Schneebesen verrühren, bis die Hefe aufgelöst ist. Dann die Butter unter die Hefemilch rühren.

2 Mehl, Zucker und Eier in eine große Schüssel geben. Die Hefemischung dazugeben und mit den Knethaken des Handrührgeräts zu einem glatten Teig kneten, bis der Teig sich leicht vom Schüsselrand löst. Den Teig zugedeckt und an einem warmen Ort mindestens 1 Std. gehen lassen.

3 Inzwischen für die Streusel Mehl, Zucker und Butter in einer hohen Rührschüssel mit den Knethaken des Handrührgeräts zu Streuseln verkneten.

4 Den Backofen auf 180° vorheizen. Ein Backblech mit Backpapier auslegen. Den Hefeteig noch mal kneten, rundherum mit etwas Mehl bestäuben und auf dem Backblech ausrollen. Den Teig gleichmäßig mit den Streuseln bestreuen und zugedeckt ca. 15 Min. ruhen lassen. Dann im Backofen (Mitte, Umluft 160°) ca. 30 Min. backen.

HEFETEIG-TIPPS

Die Milch für den Teig soll nur lauwarm, niemals heiß sein. Zu hohe Temperaturen zerstören die Hefe.

Sie können Hefeteig auch am Vortag zubereiten und im Kühlschrank gehen lassen. Die Hefebakterien arbeiten auch in der Kälte – nur langsamer.

Hefeteig lässt sich portionsweise einfrieren und bei Bedarf wieder auftauen.

Hefeteig immer vor dem Ausrollen noch mal kneten. Danach ca. 15 Min. zugedeckt ruhen lassen.

VARIANTEN

Für Butterkuchen den Teig statt mit Streuseln mit 200 g Butterstückchen belegen, dann mit 100 g Mandelblättchen und 4 EL Zucker bestreuen.

Für Obstkuchen den Teig statt mit Streuseln mit Zwetschgenhälften, Apfel- oder Birnenspalten belegen. Je nach Obstsorte dauert die Backzeit dann 40–50 Min.

Kleines zum Mitgeben

Am Geburtstag oder zu Festen möchten Kinder gerne etwas in den Kindergarten oder zur Schule mitnehmen. Hier finden Sie witzige Kleinigkeiten, die sich gut transportieren lassen, leicht nachzumachen sind und bei den Freunden meiner Kinder gut ankamen. Etwa die Knuspersterne, die dem, der sie knabbert, einen Wunsch erfüllen sollen.

Knusper-Wunschsterne

100 g Zucker
200 g weiche Butter
300 g Mehl
2–3 EL Kakaopulver
200 g Vollmilch-Kuvertüre
1 TL Butter | 60 g Cornflakes
zerbröselte Cornflakes zum Bestreuen
Backpapier | Mehl zum Arbeiten
Sternausstecher (ca. 5 cm ∅)

Für ca. 50 Stück | 50 Min. Zubereitung
1 Std. Kühlen | 12 Min. Backen
Pro Stück ca. 90 kcal, 1 g EW, 5 g F, 9 g KH

1 Zucker, Butter in Flöckchen, Mehl und Kakaopulver in eine Schüssel geben. Alles erst mit den Knethaken des Handrührgeräts, dann mit den Händen zu einem geschmeidigen Teig kneten. Teig in Folie wickeln und ca. 1 Std. in den Kühlschrank legen.

2 Den Backofen auf 180° vorheizen. Ein Backblech mit Backpapier auslegen. Den Teig rundherum leicht bemehlen und zwischen zwei Lagen Backpapier ausrollen. Mit einem Ausstecher aus dem Teig Sterne ausstechen und auf das Blech legen. Im Ofen (Mitte, Umluft 160°) ca. 12 Min. backen. Die Sterne vom Blech nehmen und abkühlen lassen.

3 Die Kuvertüre in einer Metallschüssel über dem heißen Wasserbad schmelzen (siehe Seite 64). Die Butter unter die Kuvertüre rühren.

4 Die Cornflakes in einen Gefrierbeutel geben, mit dem Nudelholz fein zerbröseln und unter die Kuvertüre mischen. Mit einem Espressolöffel von der Masse kleine Kleckse in die Mitte der Sterne setzen. Die Sterne mit zerbröselten Cornflakes bestreuen und trocknen lassen.

mit Brauseglasur

Zauberstäbe

350 g Mehl
100 g Zucker
1 Pck. Vanillezucker
200 g Butter | 2 EL Schmand
200 g Puderzucker
3 EL frisch gepresster Zitronensaft
2 EL Himbeersirup
Brausepulver
bunter, glitzernder Dekorzucker (oder Zuckerstreusel)
Backpapier | Mehl zum Arbeiten
25 Holzspieße
Sternausstecher (ca. 6 cm ∅)

Für ca. 25 Stück | 40 Min. Zubereitung
30 Min. Kühlen | 12 Min. Backen
Pro Stück ca. 170 kcal, 2 g EW, 7 g F, 24 g KH

1 Mehl, Zucker und Vanillezucker in eine Schüssel geben. Butter in Flöckchen und Schmand zugeben. Alles mit den Knethaken des Handrührgeräts zu einem glatten Teig kneten. Den Teig in Folie wickeln und ca. 30 Min. kalt stellen.

2 Ofen auf 200° vorheizen. Blech mit Backpapier auslegen. Teig auf einer leicht bemehlten Arbeitsfläche gut 1 cm dick ausrollen. Aus dem Teig Sterne ausstechen und aufs Blech legen. Holzspieße als Stiele in die Mitte der Sterne stecken. Die Sterne im Backofen (Mitte, Umluft 160°) ca. 12 Min. backen.

3 Puderzucker, Zitronensaft und Himbeersirup verrühren. Sterne damit bepinseln und kurz antrocknen lassen. Nach Geschmack mit Brausepulver und Dekorzucker bestreuen und ganz trocknen lassen.

raffiniert

Spielplatzkarussell

500 g Mehl
150 g Zucker
300 g Butter | 1 Ei (L)
250 g weiße Kuvertüre
5 EL Aprikosenkonfitüre
35 bunte Schokolinsen
175 Gummibärchen (ca. 400 g)
Backpapier | Mehl zum Arbeiten
runder Ausstecher (ca. 6 cm ∅)

Für ca. 35 Stück | 50 Min. Zubereitung
30 Min. Kühlen | 12 Min. Backen
Pro Stück ca. 220 kcal, 3 g EW, 10 g F, 30 g KH

1 Mehl und Zucker in eine Schüssel geben. Butter in Flöckchen und Ei dazugeben. Alles mit den Knethaken des Handrührgeräts zu einem glatten Teig kneten. In Folie wickeln und ca. 30 Min. kalt stellen.

2 Backofen auf 180° vorheizen. Zwei Bleche mit Backpapier auslegen. Den Teig auf einer bemehlten Arbeitsfläche ausrollen. Aus dem Teig ca. 70 runde Plätzchen ausstechen und auf die Bleche legen. Im Backofen (Mitte, Umluft 160°) ca. 12 Min. backen. Plätzchen vom Blech nehmen und abkühlen lassen.

3 Die Kuvertüre in einer Metallschüssel über dem heißen Wasserbad schmelzen (siehe Seite 64). Die Konfitüre glatt rühren. Die Hälfte der Plätzchen mit Konfitüre bestreichen und die übrigen Plätzchen daraufsetzen. Plätzchen mit Kuvertüre bestreichen und antrocknen lassen, bis sie fast fest ist.

4 In die Mitte der Plätzchen jeweils 1 Schokolinse als Steuerrad drücken. Rundherum 5 Gummibärchen an den Rand des Plätzchens setzen.

oben: Zauberstäbe | unten: Spielplatzkarussell

einfach köstlich

Brownies

Die leckeren und handlichen Häppchen aus Amerika mit viel Schokolade sind auch bei uns der Renner. Zum Mitgeben lassen sie sich gut in Dosen packen.

Für den Teig:
150 g Zartbitter-Kuvertüre | 3 Eier (L) | 200 g weiche Butter | 150 g Zucker | 100 g gehackte Haselnüsse | 50 g gehackte Mandeln | 200 g Mehl | 1 TL Backpulver | Backpapier
Für die Glasur:
200 g Vollmilch- oder Zartbitter-Kuvertüre | 50 g weiße Kuvertüre

Für ca. 35 Stück
40 Min. Zubereitung | 20 Min. Backen
Pro Stück ca. 180 kcal, 3 g EW, 12 g F, 15 g KH

1 Den Backofen auf 180° vorheizen. Ein Backblech mit Backpapier auslegen. Die Kuvertüre in einer Metallschüssel unter Rühren über dem heißen Wasserbad schmelzen (siehe Seite 64).

2 Eier, Butter und Zucker mit dem Handrührgerät dick-schaumig rühren. Kuvertüre unterrühren. Nüsse, Mandeln, Mehl und Backpulver dazugeben und unterrühren. Teig ca. 1 cm dick auf das Backblech streichen und im Backofen (Mitte, Umluft 160°) ca. 20 Min. backen. Die Ränder nach Belieben gerade schneiden und die Teigplatte abkühlen lassen.

3 Für die Glasur die dunkle und weiße Kuvertüre einzeln in einer Metallschüssel über dem heißen Wasserbad schmelzen (siehe Seite 64). Die Teigplatte erst ganz mit dunkler Kuvertüre überziehen.

4 Die weiße Kuvertüre in Klecksen auf der dunklen Kuvertüre verteilen, dann mit einem Stäbchen kleine Marmormuster in die Kuvertüre ziehen. Sobald die Kuvertüre angetrocknet, aber noch nicht ganz fest ist, die Teigplatte mit einem Messer in 5 x 5 cm große Würfel schneiden.

schnell gemacht

Mini-Amerikaner

100 g weiche Butter | 2 Eier (L) | 100 g Zucker | 2 Pck. Vanillezucker | 8 EL Milch | 250 g Mehl | 2 TL Backpulver | 250 g Puderzucker | 6 EL frisch gepresster Zitronensaft | Backpapier

Für ca. 25 Stück
25 Min. Zubereitung | 15 Min. Backen
Pro Stück ca. 130 kcal, 2 g EW, 4 g F, 22 g KH

1 Den Backofen auf 180° vorheizen. Ein Backblech mit Backpapier auslegen. Butter, Eier, Zucker, Vanillezucker und Milch mit dem Handrührgerät verrühren. Mehl und Backpulver mischen und unterrühren. Von dem Teig mit zwei Teelöffeln ca. 25 kleine Häufchen mit etwas Abstand auf das Blech setzen. Im Ofen (Mitte, Umluft 160°) ca. 15 Min. backen. Den Puderzucker mit Zitronensaft verrühren. Die glatte Seite der Minis damit bestreichen und den Guss fest werden lassen.

kinderleicht

Chocolatechips-Cookies

250 g weiche Butter | 200 g Rohrzucker | 2 Eier (L) | 60 g gemahlene Mandeln | 300 g Mehl | 1 TL Backpulver | 150 g Schokotröpfchen | 4 EL Sahne | Backpapier

Für ca. 40 Stück
20 Min. Zubereitung | 12 Min. Backen
Pro Stück ca. 130 kcal, 2 g EW, 8 g F, 12 g KH

1 Den Backofen auf 200° vorheizen. Ein Backblech mit Backpapier auslegen. Butter, Zucker und Eier mit dem Handrührgerät verrühren. Mandeln, Mehl und Backpulver mischen. Die Mischung mit Schokotröpfchen und Sahne unter die Eiermasse rühren.

2 Den Teig mithilfe von zwei Esslöffeln mit etwas Abstand auf das Blech setzen und mit dem Messerrücken etwas platt drücken. Im Backofen (Mitte, Umluft 180°) ca. 12 Min. backen.

ganz einfach

Schoko-Mini-Muffins

2 Eier (L) | 100 g weiche Butter
80 g Zucker
1 EL Kakaopulver
120 g Mehl | 1 TL Backpulver
Puderzucker zum Bestäuben
Außerdem:
24er-Muffinblech | Fett für die Form

Für 24 Stück
10 Min. Zubereitung | 12 Min. Backen
Pro Stück ca. 80 kcal, 1 g EW, 5 g F, 8 g KH

1 Den Backofen auf 180° vorheizen. Die Mulden des Muffinblechs einfetten. Eier, Butter und Zucker mit dem Handrührgerät dick-schaumig rühren. Kakaopulver, Mehl und Backpulver mischen und nur kurz unterrühren. Den Teig mit einem Teelöffel in die Mulden des Muffinblechs füllen.

2 Im Ofen (Mitte, Umluft 180°) ca. 12 Min. backen. Muffins mit einem Löffel aus der Form heben, abkühlen lassen und mit Puderzucker bestäuben.

VARIANTE – SCHWARZ-WEISS-MUFFINS

Eine Hälfte des Teiges ohne und eine Hälfte mit Kakaopulver zubereiten. Den dunklen Teig auf den hellen geben und mit einem Holzspieß leicht verrühren.

TIPPS

Wer kein Mini-Muffinblech hat, nimmt etwa die 1½-fache Zutatenmenge und eine 12er-Muffinform. Die Backzeit verlängert sich dann auf 15–20 Min. Wer möchte, streut gehackte Mandeln oder Pistazien vor dem Backen auf den Teig oder verziert die Muffins nach dem Abkühlen mit weißer oder dunkler Kuvertüre.

blitzschnell gemacht

Quark-Mini-Muffins

2 Eier (L)
50 g Sahne
250 g Magerquark
100 g Zucker
2 EL frisch gepresster Zitronensaft
4 EL Hartweizengrieß
Außerdem:
24er-Mini-Muffinblech
Fett für die Form

Für 24 Stück
10 Min. Zubereitung | 20 Min. Backen
Pro Stück ca. 50 kcal, 2 g EW, 2 g F, 6 g KH

1 Den Backofen auf 180° vorheizen. Die Mulden des Muffinblechs einfetten.

2 Eier, Sahne, Quark, Zucker, Zitronensaft und Grieß in eine Rührschüssel geben und mit den Quirlen des Handrührgeräts nur kurz verquirlen. Die Quarkmasse mithilfe eines Teelöffels in die Vertiefungen des Muffinblechs füllen. Im Backofen (Mitte, Umluft 160°) ca. 20 Min. backen.

3 Die Mini-Muffins in der Form kurz abkühlen lassen, dann mit einem Kuchenlöser (siehe Seite 7) oder Löffel vorsichtig aus der Form lösen.

VARIANTEN

Vor dem Einfüllen des Teiges ein Fruchtstück in jede Vertiefung des Muffinblechs legen, zum Beispiel 1 Stück Mandarine, Ananas, Aprikose oder 1 Kirsche. Oder 1 EL Kakaopulver unter den Teig rühren.

oben: Schoko-Mini-Muffins | unten: Quark-Mini-Muffins

extra lecker

Mandelecken

Für den Teig:
175 g Mehl | 50 g Zucker | 100 g Butter |
1 Eigelb (L) | Backpapier | Mehl zum Arbeiten
Für Belag und Deko:
4 EL Aprikosenkonfitüre | 80 g Butter |
100 g Zucker | 1/4 TL Zimtpulver | 100 g gehackte Mandeln | 100 g gemahlene Mandeln |
2 EL Sahne | 150 g Kuvertüre

Für ca. 36 Stück | 40 Min. Zubereitung
30 Min. Kühlen | 2 Std. Abkühlen | 15 Min. Backen
Pro Stück ca. 140 kcal, 2 g EW, 9 g F, 12 g KH

1 Mehl und Zucker in eine Schüssel geben. Butter in Flöckchen und das Eigelb dazugeben. Mit den Knethaken des Handrührgeräts zu einem glatten Teig kneten. In Folie wickeln, ca. 30 Min. kalt stellen.

2 Den Backofen auf 200° vorheizen. Ein Backblech mit Backpapier auslegen. Den Teig rundherum leicht bemehlen und auf dem Blech zu einem Quadrat von 23 x 23 cm ausrollen. Die Konfitüre verrühren und die Teigplatte damit bestreichen.

3 Für den Belag die Butter zerlassen, den Zucker unterrühren und bei kleiner Hitze auflösen. Zimtpulver, Mandeln und Sahne unterrühren. Die Masse gleichmäßig auf den Teig streichen.

4 Im Backofen (Mitte, Umluft 180°) 15–18 Min. backen. Dann herausnehmen und leicht abkühlen lassen. Die warme Teigplatte erst längs, dann quer in 3 gleich große Teile schneiden, sodass 9 Quadrate entstehen. Jedes Quadrat diagonal in 4 Dreiecke schneiden. Die Mandelecken abkühlen lassen.

5 Die Kuvertüre in einer Metallschüssel über dem heißen Wasserbad schmelzen (siehe Seite 64). Die Spitzen der Mandelecken hineintauchen. Die Mandelecken auf Backpapier legen und die Kuvertüre trocknen lassen.

ganz einfach

Smileys

350 g Mehl | 125 g gemahlene Mandeln | 250 g Zucker | 250 g Butter | 1 Ei (L) | 300 g Puderzucker | 7 EL frisch gepresster Zitronensaft | gelbe Speisefarbe | weiße Zuckerschrift | Backpapier

Für ca. 30 Stück | 30 Min. Zubereitung
30 Min. Kühlen | 12 Min. Backen
Pro Stück ca. 210 kcal, 2 g EW, 10 g F, 29 g KH

1 Mehl, Mandeln und Zucker mischen. Butter in Flöckchen und Ei dazugeben. Alles zu einem glatten Teig verkneten. In Folie ca. 30 Min. kalt stellen. Ofen auf 180° vorheizen. Blech mit Backpapier auslegen.

2 Teig zu einer ca. 6 cm dicken Rolle formen, in 30 ca. 1 cm dicke Taler schneiden. Im Ofen (Mitte, Umluft 160°) ca. 12 Min. backen. Abkühlen lassen. Puderzucker, Zitronensaft und Speisefarbe verrühren. Plätzchen damit bepinseln, trocknen lassen. Mit Zuckerschrift Smiley-Gesichter aufmalen.

blitzschnell

Plätzchen-Lollis

6 rechteckige Scheiben TK-Blätterteig (450 g) | 5 EL Aprikosen- oder Erdbeerkonfitüre | kleine Holzspieße | Zucker nach Geschmack | Backpapier

Für ca. 42 Stück
15 Min. Zubereitung | 10 Min. Backen
Pro Stück ca. 50 kcal, 1 g EW, 3 g F, 5 g KH

1 Die Blätterteigplatten nebeneinanderlegen und auftauen lassen. Den Backofen auf 200° vorheizen. Ein Backblech mit Backpapier auslegen.

2 Die Teigplatten von der kurzen Seite aus in 7 Streifen schneiden. Die Konfitüre glatt rühren. Je 1 kleinen Klecks davon auf die Streifen geben und mit einem Messer verteilen. Die Streifen aufrollen und in die Mitte der Lollis ein Holzspießchen als Stiel stecken. Die Außenseite des Teiges mit Wasser bepinseln. Die Lollis in etwas Zucker wälzen und auf das Blech legen. Im Ofen (Mitte, Umluft 180°) ca. 10 Min. backen.

für Kreative

Quark-Ölteig-Figuren

Der Teig lässt sich ausstechen, aber auch mit der Hand formen: zu Weckmännchen, Kränzen, Häschen, Brezeln oder worauf Kinder sonst noch Lust haben.

250 g Magerquark
100 g Zucker
1 Pck. Vanillezucker
6 EL Milch
6 EL Öl (z. B. Oliven- oder Sonnenblumenöl)
1 Ei (L)
100 g gemahlene Mandeln
300 g Mehl
1 Pck. Backpulver
Backpapier | Mehl zum Arbeiten
verschiedene Ausstecher (6 cm groß; z. B. Herzen, Autos, Tiere)

Für ca. 30 Stück | 30 Min. Zubereitung
30 Min. Kühlen | 12 Min. Backen
Pro Stück ca. 100 kcal, 3 g EW, 4 g F, 12 g KH

1 Quark, Zucker, Vanillezucker, Milch, Öl und das Ei in eine Schüssel geben und mit den Quirlen des Handrührgeräts verrühren. Mandeln, Mehl und Backpulver mischen und unter die Quarkmasse rühren. In Folie wickeln und ca. 30 Min. kalt stellen.

2 Den Backofen auf 200° vorheizen. Ein Backblech mit Backpapier auslegen. Den Teig rundherum leicht bemehlen und zwischen zwei Lagen Backpapier ca. 1 cm dick ausrollen.

3 Aus dem Teig mit Ausstechern verschiedene Figuren ausstechen und auf das Blech legen. Im Ofen (Mitte, Umluft 180°) ca. 12 Min. backen. Die Figuren vom Blech nehmen und abkühlen lassen.

DEKO-TIPP

Mit Zuckerschrift die Namen der Kinder auf das Gebäck malen. Oder die Figuren mit Zuckerguss verzieren.

BLITZ-VARIANTE

400 g Marzipanrohmasse mit 200 g Puderzucker verkneten und zwischen zwei Lagen Backpapier ausrollen. Aus der Masse mit Ausstechern verschiedene Motive ausstechen, auf ein Blech legen und im vorgeheizten Backofen bei 200° ca. 5 Min. backen. Nach Belieben mit gefärbtem Zuckerguss verzieren.

TIPP – FISCHE ANGELN

Den Teig mit Ausstechern in Fischform ausstechen. Wer diese Ausstecher nicht hat, macht sich eine Schablone: Dafür die Fischumrisse auf ein Blatt Papier malen, den Fisch ausschneiden und auf den Teig legen. Den Teig entlang der Umrisse mit einem Messer ausschneiden und backen. Dann im Kopfbereich mit einem Kochlöffelstiel ein Loch in das Gebäck stechen. Ein Stück Draht oder festen Bindfaden durch das Loch ziehen und zu einer Schlaufe verknoten. Für die Angel mit einem Holzbohrer ein Loch in einen Stock bohren und daran ein Stück Draht als Angelhaken befestigen. Jedes Kind darf sich dann einen Fisch angeln.

Anna
Leo
Max
Pia

Zum Gebrauch
Damit Sie Rezepte mit bestimmten Zutaten noch schneller finden können, stehen in diesem Register zusätzlich auch beliebte Zutaten wie **Kuvertüre** oder **Mandeln** – ebenfalls alphabetisch geordnet und **hervorgehoben** – über den entsprechenden Rezepten.

Unsere Garantie

Alle Informationen in diesem Ratgeber sind sorgfältig und gewissenhaft geprüft. Sollte dennoch einmal ein Fehler enthalten sein, schicken Sie uns das Buch mit dem entsprechenden Hinweis an unseren Leserservice zurück. Wir tauschen Ihnen den GU-Ratgeber gegen einen anderen zum gleichen oder ähnlichen Thema um.

Liebe Leserin und lieber Leser,

wir freuen uns, dass Sie sich für ein GU-Buch entschieden haben. Mit Ihrem Kauf setzen Sie auf die Qualität, Kompetenz und Aktualität unserer Ratgeber. Dafür sagen wir Danke! Wir wollen als führender Ratgeberverlag noch besser werden. Daher ist uns Ihre Meinung wichtig. Bitte senden Sie uns Ihre Anregungen, Ihre Kritik oder Ihr Lob zu unseren Büchern. Haben Sie Fragen oder benötigen Sie weiteren Rat zum Thema? Wir freuen uns auf Ihre Nachricht!

Wir sind für Sie da!
Montag – Donnerstag: 8.00 – 18.00 Uhr;
Freitag: 8.00 – 16.00 Uhr
Tel.: 0180 - 5 00 50 54*
Fax: 0180 - 5 01 20 54*
E-Mail:
leserservice@graefe-und-unzer.de

*(0,14 €/Min. aus dem dt. Festnetz/ Mobilfunkpreise maximal 0,42 €/Min.)

P.S.: Wollen Sie noch mehr Aktuelles von GU wissen, dann abonnieren Sie doch unseren kostenlosen GU-Online-Newsletter und/oder unsere kostenlosen Kundenmagazine.

GRÄFE UND UNZER VERLAG
Leserservice
Postfach 86 03 13
81630 München

Projektleitung: Tanja Dusy
Lektorat: Maryna Zimdars
Korrektorat: Mischa Gallé
Layout, Typografie und Umschlaggestaltung: independent Medien-Design, Horst Moser, München
Satz: Liebl Satz+Grafik, Emmering
Herstellung: Claudia Labahn, Anna Bäumner
Reproduktion: Repro Ludwig, Zell am See
Druck und Bindung: Firmengruppe APPL, Wemding
Syndication:
www.jalag-syndication.de

ISBN 978-3-8338-2160-8

1. Auflage 2011

Die Temperaturangaben bei Gasherden variieren von Hersteller zu Hersteller. Welche Stufe Ihres Herdes der jeweils angegebenen Temperatur entspricht, entnehmen Sie bitte der Gebrauchsanweisung. Bei Elektroherden können die Backzeiten je nach Herd variieren. Bei Kuchen empfiehlt sich immer die Stäbchenprobe. Dazu mit einem Holzstäbchen in die Mitte des Gebäcks stechen, kurz warten und wieder herausziehen. Klebt kein Teig am Stäbchen, ist das Gebäck fertig.

Die Autorin

Christiane Kührt war nach ihrem Studium Redakteurin im Kochressort einer großen Frauenzeitschrift. Seit der Geburt ihrer Kinder arbeitet sie als Journalistin und Autorin. Sie schreibt seit Jahren die Ernährungsthemen für die Zeitschrift Eltern family. Im Gräfe und Unzer Verlag sind zahlreiche Bücher von ihr erschienen. Sie bevorzugt unkomplizierte Rezepte, kocht und backt gern mit der Familie. Besonders freut es sie, wenn ihre Kinder sie hin und wieder mit einem selbst kreierten Kuchen überraschen.

Der Fotograf

Jörn Rynio zählt zu seinen Auftraggebern internationale Zeitschriften, namhafte Buchverlage und Werbeagenturen. Mit einer großen Portion Kreativität und appetitanregendem Styling setzt der Hamburger Fotograf Food-Spezialitäten aus aller Welt stimmungsvoll in Szene. Tatkräftig unterstützt wird er dabei von Petra Speckmann (Foodstyling) und Michaela Suchy (Requisite).

Bildnachweis

Titelfoto: Eising FoodPhotography (Martina Görlach), München;
alle anderen: Jörn Rynio, Hamburg

Titelbildrezepte

Saure-Sahne-Muffins (S. 24) in einer Form für Gugelhupf-Muffins und Schoko-Mini-Muffins (S. 54)

GRÄFE UND UNZER

Ein Unternehmen der
GANSKE VERLAGSGRUPPE

Tipps & Tricks **für Kuvertüre**

Kuvertüre ist eine Schokolade mit viel Kakaobutter, die sich gut zum Verzieren eignet. Kuvertüre am besten nur bei kleiner Hitze schmelzen, sonst klumpt sie.

Kuvertüre temperieren Damit die Kuvertüre für Glasuren nicht matt wird, sondern schön glänzend, muss man sie besonders behandeln. Temperieren nennen es die Konditoren: Erst die Kuvertüre in eine Metallschüssel bröckeln und über dem heißen Wasserbad bei kleiner Hitze unter häufigem Umrühren langsam schmelzen. Die Kuvertüre beiseitestellen und abkühlen lassen, bis sie nur noch lauwarm ist. Danach noch mal vorsichtig über dem Wasserbad erwärmen und dann verwenden.

Der perfekte Schokoguss Zum Überziehen von Kuchen und Torten die temperierte Kuvertüre erst lauwarm abkühlen lassen, damit sie nicht zu flüssig ist. Dann die Kuvertüre vorsichtig auf die Mitte der Kuchenoberfläche gießen und mit einer langen Palette gleichmäßig verstreichen. Dabei läuft die Kuvertüre automatisch über den Kuchenrand und lässt sich anschließend auch am Rand mit der Palette sehr gut verteilen.

Feine Schoko-Linien kann man über Plätzchen oder Kleingebäck zum Beispiel mit einer kleinen Spritztüte ziehen (siehe Fotos beim Zuckerguss). Oder noch einfacher: Einen kleinen Espressolöffel immer wieder in die flüssige Kuvertüre tauchen und die Kuvertüre in feinen Linien über das Gebäck laufen lassen. Das kann man ruhig im Zickzackkurs und aus dem Handgelenk machen, dann sehen die Linien besonders kreativ aus.